BEI GRIN MACHT SICH
WISSEN BEZAHLT

- Wir veröffentlichen Ihre Hausarbeit, Bachelor- und Masterarbeit

- Ihr eigenes eBook und Buch - weltweit in allen wichtigen Shops

- Verdienen Sie an jedem Verkauf

Jetzt bei www.GRIN.com hochladen und kostenlos publizieren

Bibliografische Information der Deutschen Nationalbibliothek:

Die Deutsche Bibliothek verzeichnet diese Publikation in der Deutschen Nationalbibliografie; detaillierte bibliografische Daten sind im Internet über http://dnb.d-nb.de/ abrufbar.

Dieses Werk sowie alle darin enthaltenen einzelnen Beiträge und Abbildungen sind urheberrechtlich geschützt. Jede Verwertung, die nicht ausdrücklich vom Urheberrechtsschutz zugelassen ist, bedarf der vorherigen Zustimmung des Verlages. Das gilt insbesondere für Vervielfältigungen, Bearbeitungen, Übersetzungen, Mikroverfilmungen, Auswertungen durch Datenbanken und für die Einspeicherung und Verarbeitung in elektronische Systeme. Alle Rechte, auch die des auszugsweisen Nachdrucks, der fotomechanischen Wiedergabe (einschließlich Mikrokopie) sowie der Auswertung durch Datenbanken oder ähnliche Einrichtungen, vorbehalten.

Impressum:

Copyright © 2017 GRIN Verlag
Druck und Bindung: Books on Demand GmbH, Norderstedt Germany
ISBN: 9783668721036

Dieses Buch bei GRIN:

https://www.grin.com/document/428122

Carola Schätzlein

Good Governance & Civil Society

GRIN Verlag

GRIN - Your knowledge has value

Der GRIN Verlag publiziert seit 1998 wissenschaftliche Arbeiten von Studenten, Hochschullehrern und anderen Akademikern als eBook und gedrucktes Buch. Die Verlagswebsite www.grin.com ist die ideale Plattform zur Veröffentlichung von Hausarbeiten, Abschlussarbeiten, wissenschaftlichen Aufsätzen, Dissertationen und Fachbüchern.

Besuchen Sie uns im Internet:

http://www.grin.com/

http://www.facebook.com/grincom

http://www.twitter.com/grin_com

Technische Universität Kaiserslautern
Distance & International Studies Center

Master – Fernstudiengang

Nachhaltige Entwicklungszusammenarbeit

Good Governance und Civil Society

Verfasser: Carola Schätzlein
Eingereicht am: 28.02.2017
Note: 1,0

Inhalt

Einleitung 3

1. Darstellung der systemischen Kernelemente in den verschiedenen Definitionen von *Governance* 5

2. Welches gemeinsame Grundverständnis gibt es in der internationalen Entwicklungspolitik, was die Förderung von Good Governance leisten soll und leisten kann? 8

3. Chancen und Risiken in der Kooperation zwischen einem Unternehmen und der Zivilgesellschaft 12

4. Darstellung der Parallelen zwischen Good Governance und Civil Society 17

5. Zusammenfassung 20

Literaturverzeichnis 21

Einleitung

Das Vier-Sektoren-Modell der Gesellschaft unterscheidet zwischen dem Staat, dem Markt, dem Dritten Sektor sowie der Familie (nach Foljanty-Jost, Sprengel: 18).

Der Staat wird repräsentiert durch Behörden, Ämter, Verwaltungen. Seine Aufgabe besteht in der gerechten Verteilung von Wohlstand (ebd.: 18). Unternehmen der Privatwirtschaft produzieren Güter und befinden sich im Wettbewerb des Marktes. Den dritten Sektor repräsentieren gemeinnützige Organisationen wie Stiftungen, Verbände und Genossenschaften (ebd.: 18). Deren Aufgabe besteht in der Produktion öffentlicher Güter wie soziale Intergration, Interessenvermittlung und Konfliktbewältigung. Die Bindungsenergie des vierten Sektors, der Familie, beruht auf Emotionen sowie Verwandtschaftsbeziehungen. Ihre Funktion besteht darin, Güter und Dienstleistungen zur Verfügung zu stellen (ebd.: 18).

Diese knappe Systematisierung der Gesellschaft bildet die Ausgangssituation, in deren Zusammenhang die nachfolgenden Aufgaben stehen.

Zunächst soll eine kurze Geschichte den Gesamtzusammenhang verdeutlichen:

Ein Konditor bekommt den Auftrag, für eine besondere Geburtstagsfeier eine Torte herzustellen. Er verwendet seine ganze Handwerkskunst und seine besten Zutaten darauf ein filigran gestaltetes, wundervolles Gebilde zu produzieren, das im Mund eine Geschmacksexplosion auslöst. Alle bestaunen die Torte bei der Feier.

Zunächst dürfen sich die Erwachsenen bedienen. Schließlich kommt eine Mutter mit ihrem Kind zum Kuchenbuffet. Die Mutter muss ihrem Sprössling jedoch traurig mitteilen, dass von der wunderbaren Torte nichts mehr übrig ist. Die Tragödie ist vorprogrammiert.

Das Szenarium lässt sich im Rahmen einer kleinen Alltagsbegebenheit, die zum Lernprozess des Lebens gehört, für das Kind verkraften und lösen. Entscheidungen auf staatlicher Ebene sind jedoch meist irreversibel. Wenn diese gegen demokratische Grundsätze gerichtet sind, wirken sie sich langfristig nachteilig auf die Gesamtentwicklung einer Gesellschaft aus.

Der Themenschwerpunkt der ersten Aufgabe liegt daher auf der Darlegung der Definition des Begriffs *Governance*, auch in Abgrenzung zu *Government*. Mehrere Definitionsansätze werden dazu veranschaulicht.

In Kapitel zwei wird das Rüstzeug von *Good Governance* dargelegt. Besonders im Rahmen der Entwicklungszusammenarbeit wird dieser Anspruch verdeutlicht. Es wird hier zudem diskutiert, ob die Entwicklung von Good Governance Vorbedingung für wirtschaftliche Entwicklung ist.

Im Rahmen von Aufgabe drei wird das Spannungsfeld der Kooperation zwischen einem Unternehmen aus der Wirtschaft und der Zivilgesellschaft näher betrachtet. Dabei werden Chancen, aber auch Risiken veranschaulicht.

Der vierte Teil der Ausführungen bezieht Stellung zu der Frage, welche Parallelen zwischen Zivilgesellschaft und Good Governance bestehen.

1. Darstellung der systemischen Kernelemente in den verschiedenen Definitionen von *Governance*

Der Begriff „Governance", dessen Nutzungshäufigkeit seit Mitte der „1990er Jahre" (Nuscheler,F.: 1) stark angestiegen ist, lässt sich nicht eindeutig bestimmen. Das Oxford Dictionary definiert den Begriff als „the act of manner of govering" (nach Nuscheler: 1). Eine häufige Übersetzung lautet „Regierungsführung" (ebd.: 1).

Diese ist jedoch zu eng gefasst und nähert sich eher dem Begriff Government an, der jedoch den institutionellen Apparat im Fokus sieht. Der Begriff Governance dagegen geht über staatliche Strukturen hinaus und beinhaltet zusätzlich die Wechselwirkung mit privaten Akteuren (ebd: 2). Im Unterschied zu Government erfasst Governance gemäß Nuscheler

„… auch Entscheidungsprozesse jenseits des staatlichen Institutionensystems und von Aktivitäten, die nicht aus formellen und gesetzlich definierten Zuständigkeiten hergeleitet werden können, vor allem die Beteiligung privater Akteure an kooperativen Entscheidungsverfahren." (ebd.: 2)

Mit Hilfe dieser Definition werden zwei Bestandteile, die dem Begriff wesensimmanent sind, deutlich. Zum einen wird damit ausgesagt, dass nicht allein staatlichen Institutionen Entscheidungsgewalt innewohnt und dass zum anderen das gemeinsame Agieren „öffentliche[r] und private[r] Institutionen" (ebd.: 4) zusammenkommt. Dem schließt sich auch das „Handbuch Governance" an. Es sieht in seiner Definition all jene Strukturen subsummiert, die „gesellschaftliche Sachverhalte"

(Nuscheler: 8) regeln. Die Definition impliziert zudem eine inhaltliche Weiterführung zu einer Vorstellung von Regieren, bei der bei aller Entscheidungshoheit doch der Austausch mit privaten Akteuren gegenseitig befruchtend wirkt. Governance meint daher die Art und Weise der Regierungsführung, die als interagierender Prozess verstanden wird. Die Prozesshaftigkeit enthält zwei Komponenten: zum einen die Entwicklung zu einer Konsenslösung über den Meinungsaustausch und zum anderen die Bereitschaft, sich zeitlich diesem Prozess auszusetzen. Auch die Politologen Ernst-Otto Czempiel und James N. Rosenau kommen 1992 zu einer ganz ähnlichen Definition, bei der ebenfalls der zeitliche Aspekt hinzukommt, wenn sie von „permanent[em] [I]nteragieren" (nach Nuscheler: 5) sprechen. Die umfassendste Definition scheint die Commission on Global Governence (CGG) vorzulegen. Denn bei deren Darstellung kommen zusätzlich noch weitere Aspekte hinzu, wobei das Aufgabenspektrum von Governance weit gefasst wird, sodass alle Herausforderungen und Informationswege sowohl nationaler als auch supranationaler Art, deren Regelung im Interesse aller Beteiligten liegen können, soweit ein gemeinsames Anliegen besteht, gemeint sind (ebd.: 4). Da in der Definition von einem „kontinuierlichen Prozess" (ebd.: 4) die Rede ist, folgt sie damit den bereits erwähnten Definitionen und weitet den zeitlichen Bezugsrahmen sogar aus. Es wird darin zudem der Wille zu „Konsens" (nach Nuscheler: 4) deutlich, ein Begriff der die konkrete Zielorientierung mit einer Lösungsabsicht in den Fokus nimmt, aber bei dem Gestaltungsfreiheit auf der Realisierungsebene besteht.

Es wäre falsch unter diesem Paradigma von Governance zu meinen, man könne bei „Global Governance" von der Auflösung souveräner Staaten ausgehen. Daher stellt Nuscheler fest:

„Diese Defnition verdeutlicht, dass `governance without government´ nicht das `Ende des Nationalstaates´ suggeriert, sondern seine Transformation von einem Entscheidungsmonopolisten zu einem Interessen moderierenden und mit privaten Akteuren kooperierenden, allerdings weiterhin allein mit hoheitlichen Kompetenzen ausgestatteten Akteur in komplexer gewordenen Regelsystemen meint." (Nuscheler: 8f).

Dieser Wandel setzt einen Umdenkprozess bei staatlichen Institutionen voraus: Mit der Bereitschaft zu offenen Diskussionen, deren Ergebnis in einer Konsensfindung orientiert an Sachfragen beruht, rückt eine Regierung bewusst von ihrem Machtmonopol ab. Zu erkennen ist dieser Wandel an institutionenübergreifenden Konferenzen (ebd.: 9).

Das Paradigma von Governance erfährt auch in der neuen Institutionenökonomik eine Aufwertung (ebd.: 14). Ohne den Anspruch erheben zu wollen, diese umfassend überblicken zu können, scheint aber die Neuerung im Denkansatz darin zu bestehen, dass funktionierende Institutionen Transaktionskosten zur Umsetzung wirtschaftlicher Ziele minimieren (ebd.: 15). Auch hier wird mithin der positive Ansatz von Governance verdeutlicht, oder um dem Credo der Weltbank nach Nuscheler zu folgen: „Institutions matter" (ebd.: 15). Dazu gehören „dauerhafte Vereinbarungen" (ebd.: 16). Diese bilden eine Basis der „Investitionssicherheit" (ebd.: 17) für wirtschaftliche Akteure. Im Zusammenhang mit der Neuen Intistutionenökonomik kommt somit staatlichen Strukturen die Aufgabe zu, die Vorbedingungen zu schaffen und den Weg zu ebnen für wirtschaftlich oder gesellschaftlich komplexe Fragestellungen nach dem Prinzip

„Institutionen für Märkte schaffen" (ebd.:20), also den institutionellen Rahmen zur Verfügung zu stellen, in dem die Sicherheit für ökonomische Prosperität besteht.

2. Welches gemeinsame Grundverständnis gibt es in der internationalen Entwicklungspolitik, was die Förderung von Good Governance leisten soll und leisten kann?

Die „crises of governance" (Nuscheler: 26), die von der Weltbank in ihrer „...1989 veröffentlichten Studie über die Entwicklungskrise im subsaharischen Afrika..." (ebd.: 26) diagnostiziert wurde, führte zu einem Umdenken in der Entwicklungspolitik. Die Bilanz nach über 40 Jahren Entwicklungszusammenarbeit war ernüchternd ausgefallen. Viele Projekte waren gescheitert und es lag nicht an postkolonialem Fehlverhalten, wie viele Staatschefs den Gebern vorwarfen, sondern die Industrienationen mussten sich eingestehen, dass sie im Gegenteil sogar mit finanziellen Mitteln autokratische und kleptokratische Regime in ihrem Handeln unterstützten (ebd.: 70).

Es wurden in dieser Studie Kriterien ermittelt, die als günstig für die gesamtgesellschaftliche Entwicklung eines Staates angesehen werden. Diese wurden 1993 von den Geberländern, organisiert in der DAC, aufgenommen und erweitert und schließlich fanden sie Eingang in das „Entwicklungsvölkerrecht und Völkervertragsrecht" (ebd.: 32) und es bildete sich ein Kriterienkatalog von Good Governance heraus. Denn es hatte sich in der Entwicklungspolitik ein Paradigmenwechsel vollzogen. Die Studien der Weltbank, durchgeführt unter ökonomischen Gesichtspunkten, folgen dem Prinzip der Institutionenökonomik, dass der Staat die Basis für wirtschaftliche Entwicklung liefern soll. Substanziell wurde darin festgehalten, was schließlich im Abkommen von Cotonou im Jahre 2000 (Dolzer 2004: 537) mit dem Terminus „good governance" umschrieben wurde und umfassend definiert worden ist. Es entstand ein „neues Leitbild der Staatlichkeit" (Nuscheler: 30).

Die Zielvorgaben sind recht eindeutig, wenn auch der Weg dahin es nicht immer ist.

Die Studie hatte ergeben, dass ein zuverlässiges Rechtssystem die Basis für Investitionen und Unternehmen ist (ebd.: 27). Außerdem sind institutionelle Strukturen erforderlich, damit Entwicklungsziele leichter umgesetzt werden können. Die Bindung von Regierungsverantwortlichen an Gesetze und deren Legitimierung durch demokratische Wahlen erhöhen das Vertrauen der Geberländer und stabilisieren die innenpolitischen Machtverhältnisse (ebd.: 27). Transparenz bei der Verwendung von finanziellen Mitteln stärkt die Vertrauensbildung. Dazu gehört auch die Vermeidung von unsachgemäßer Selbstbereicherung mit öffentlichen Geldern. Die Geberländer ergänzten die Forderungen um die Punkte „partizipative Entwicklung"(ebd.: 31), „Respektierung der Menschenrechte" (ebd.: 31) sowie die Reduzierung der Militärausgaben (ebd.: 31).

Das Ziel besteht demnach darin, ein Umfeld zu gestalten, das einen Anreiz für private und öffentliche Investitionen schafft und damit die Armut weiter Teile der Bevölkerung reduziert. Gleichzeitig soll damit aber auch eine Vertrauensbasis hergestellt werden, die bilaterale und multilaterale Beziehungen ermöglicht.

Es besteht mittlerweile ein Konsens innerhalb der Staatengemeinschaft, dass Good Governance unerlässlich für gelingende Entwicklungspolitik ist. Diese Einsicht besteht sowohl bei Geber- als auch bei

Nehmerländern (Dolzer 2004: 545). Den Industrienationen haben die Erfahrungen aus den unterschiedlichen Phasen von Entwicklungspolitik gezeigt, dass bestimmte institutionelle Strukturen vorhanden sein müssen, damit die wirtschaftliche Entwicklung eines Staates gelingt und der Anteil armer Bevölkerung zurückgeht. Die Nehmerländer dagegen merken, dass sie nur dann finanzielle Mittel generieren und sich in das globale Wirtschaftssystem einklinken können, wenn sie allgemein anerkannte Normen der Staatsführung umsetzen (ebd: 545).

Man muss jedoch relativierend sagen, dass sich die Normen von Good Governance nicht als Schablone für alle Staaten gleichermaßen verwenden lassen, sondern die individuellen Gegebenheiten berücksichtigt werden müssen, bei denen diese als Grundgerüst dienen, das es dem jeweiligen Staat entsprechend anzupassen gilt (Nuscheler:46). Es muss auch nicht zwingend der Fall sein, dass die Umsetzung der Forderungen automatisch mit wirtschaftlicher Entwicklung einhergeht. Es scheint auch schwirig zu sein, immer wieder die Einhaltung von Normen anzumahnen, sofern nicht wirklich ein praktisches Umdenken und Handeln erfolgt. Darin liegt auch eine Grenze entwicklungspolitischen Handelns, da sich innenpolitische Entscheidungen nur in geringem Maße von außen steuern lassen. Mangel an „Ownership" (Nuscheler: 69) wird den Geberländern vorgeworfen, die finanzielle Förderungen damit von politischen Reformen abhängig machen.

Es lässt sich zudem nicht mit Belegen quantifizieren, ob und wenn ja wie stark Good Governance einen positiven Einfluss auf das Wirtschaftswachstum hat (Nuscheler: 52). Es ist jedoch eine institutionell gut funktionierende Staatsstruktur für die Umsetzung von

Entwicklungszielen mit internationaler Hilfe erforderlich. Hier muss die Frage gestattet sein, ob die Anforderungen noch realistisch sind oder überhöht und zu sehr an den Werten der Geber orientiert (ebd.: 34).

Für die fragilen Staaten scheint zunächst einmal die Forderung zu bestehen, dass erst einmal ein Staatssystem als Basis hergestellt werden muss, bevor man über die Entwicklung von Good Governance sprechen kann (ebd.: 44).

Letztlich ist ein weiterer Kritikpunkt, dass Good Governance wahrscheinlich durch finanzielle Unterstützung eher verhindert statt gestärkt wird, sondern kleptokratische Systeme sich bestätigt fühlen (ebd.: 70).

Es gilt auch zu bedenken, dass manche Staaten mit geringer Entwicklungshilfe das gleiche oder sogar ein höheres Wirtschaftswachstum verzeichnen konnten wie jene mit einer höheren Unterstützung (ebd.: 51). Dann hätte also wirtschaftliches Wachstum weder mit Entwicklungshilfe noch mit Good Governance zu tun. Das lässt die Erwartungshaltung gegenüber externen Mechanismen ernüchternd ausfallen.

Ernüchternd ist auch die Erkenntnis, dass es sich, und das hat auch die Weltbankstudie verdeutlicht, dabei nicht zwingend um Demokratien handeln muss, die wirtschaftlichen Fortschritt erfahren. Denn die wirtschaftliche Entwicklung einiger asiatischer Staaten ist ein Beleg dafür, dass auch in autokratischen Staatssystemen exponentielles Wachstum möglich ist.

Demokratie umzusetzen ist nicht zwingend unter ökonomischen Gesichtspunkten erforderlich, so aber doch unter ethischen (ebd.: 34).

3. Chancen und Risiken in der Kooperation zwischen einem Unternehmen und der Zivilgesellschaft

In einer Presseerklärung eines Unternehmens heißt es zum Thema Schlafkrankheit: „Im Rahmen dieser ersten Partnerschaft zwischen 2001 und 2006 wurden über 320.000 Pentamidinkapseln, über 420.000 Melarsoprolkapseln und mehr als 200.000 Flaschen Eflornithin, die das Unternehmen herstellte und der WHO spendete, über den logistischen Apparat von Ärzte ohne Grenzen in Endemiegebieten verteilt. Die finanziellen Mittel, die zusätzlich zu den gespendeten Medikamenten bereitgestellt wurden, trugen zur Unterstützung der nationalen Programme zur Bekämpfung der Krankheit bei."
Diskutieren Sie die Handlungsweisen und Rollen in dieser Partnerschaft im Hinblick auf das Thema Zivilgesellschaft.

MSF, das „1971" (Bartsch, Kohlmorgen: 70) gegründet wurde, hilft in „...Not- und Krisensituationen sowie Kriegen bei der Gewährleistung medizinischer Hilfe und führt in über 80 Ländern zahlreiche Projekte durch." (ebd.: 70). Die Organisation entspricht der Definition nach den Anforderungen an eine Zivilgesellschaft, da sie vom Ansatz her altruistisch nicht gewinnorientiert mit ehrenamtlichen Helfern öffentlich agiert. Pharmaunternehmen sind häufig weltweit aktiv und marktwirtschaftlich orientiert. Die WHO ist die Gesundheitsorganisation der Vereinten Nationen. Die UNO ist eine Vereinigung der meisten Staaten mit teils ständigem Sitz der Mitgliedsländer und einigen Ländern mit zeitweiligem Sitz. Da sie sich eine Charta, also eine Art Weltverfassung gegeben hat, müsste man diese in dem Vier-Sektoren-Modell unter der Rubrik „Staat" einordnen, obwohl sie überstaatlich zur weltweiten Friedenssicherung gegründet wurde. Im Kontext der Verteilung von Medikamenten und Hilfsmaßnahmen auf internationaler Ebene ist die WHO der politisch legitimierte Ansprechpartner für überstaatliche Belange.

Der Einsatz zivilgesellschaftlicher Organisationen zur Unterstützung von Bevölkerungsteilen, die nur geringe Möglichkeiten haben, ihre Bedürfnisse zu artikulieren, macht sie zu Anwälten und Fürsprechern von Schwächeren. In vorangegangenen Phasen der Kommunikation ist von medizinischen Experten das Anliegen der Medikamentenproduktion für ärmere Staaten bereits thematisiert worden. Die in dem Pressebericht dargestellte aktuelle Partnerschaft ist gegebenenfalls erst aufgrund vorangegangener kritischer Äußerungen entstanden, die die Problematik in den Fokus der Öffentlichkeit gerückt haben.

Da Zivilgesellschaften keinen Gewinn generieren wollen, sind sie vertrauenswürdige Partner von Unternehmen, die finanzielle Mittel zur Verfügung stellen. Als Experten stellen sie ihre Sach- und Fachkompetenz unentgeltlich zur Verfügung, sodass gezielt Betroffene die angemessene Medikation erhalten. In Kooperation mit einem Pharmakonzern sind die Fachkräfte vor Ort die Spezialisten, in dem Fall überwiegend Pflegepersonal und Ärzte, die mit Sachverstand und Wissen den Bedarf und die Verteilung von Medikamenten koordinieren. Damit ist MSF in dieser Kooperation auch „Dienstleister"(ebd.: 13).

„`Es ist unmoralisch, wenn jemand irgendwo auf der Welt an einer Krankheit stirbt, die bereits heilbar ist.´

So lautet der Appell des Nobelpreisträgers für Chemie (2004, Anmerkung des Verfassers), Aaron Ciechanover, bei der Eröffnung des fünften World Health Summit (WHS) in Berlin 2013." (Braun: Z. 7ff) Mit diesem Zitat wird der ethische Konflikt dargestellt. Es gibt Medikamente für eine ganze Reihe von Erkrankungen in Entwicklungsländern, aber deren geringe finanzielle Liquidität verringert die Einsatzmöglichkeiten. Daher ist auch die Partnerschaft zwischen einem Pharmakonzern und einer medizinisch ausgerichteten Hilfsorganisation logisch und sinnvoll, traditionell aber nicht konfliktfrei (ebd.: 67). NGOs fungierten in den „90er" Jahren (Foljanty-Jost, Sprengel: 12) meist als „Kritiker" (Foljanty-Jost, Sprengel: 13) einer ausschließlich auf Gewinnmaximierung ausgerichteten Unternehmensstrategie von Pharmaunternehmen. Die Kooperation enthält jedoch die Chance, angesichts zunehmender Herausforderungen von Global Health Governance, gemeinsam gesellschaftliche Herausforderungen zu meistern.

Ein Pharmaunternehmen ist wie jedes privatwirtschaftliche Unternehmen in erster Linie gewinnorientiert. In Kooperation mit WHO und MSF gewährt dieses zu Hilfszwecken materielle und monetäre Unterstützung. Damit stellt es verantwortungsbewusstes Unternehmertum unter Beweis, um damit einer gesamtgesellschaftlichen Verantwortung gerecht zu werden. Gerade im Gesundheitssektor sollte auch der ethische Ansatz in Unternehmensentscheidungen einbezogen werden. Die dauerhafte Kooperation „...mit ausgewählten Stakeholders... [ermöglicht Unternehmen] ihre gesellschaftliche Verantwortung glaubwürdig unter Beweis zu stellen." (BBE: Z.7f).

Die Kooperation von Zivilgesellschaft und einem Unternehmen hat Vor- und Nachteile.

Die Pressemitteilung stammt von dem Pharmahersteller selbst.

Es wird daher das soziale Engagement dafür genutzt, eine positive Resonanz in der Öffentlichkeit zu erzielen und zu einer Imageaufwertung beizutragen. In Kooperation mit Ärzte ohne Grenzen wird daher mit früheren Kritikern eine Koalition geschmiedet, womit die Akzeptanz des Unternehmens in der Öffentlichkeit erhöht werden soll. Ärzte sind im Rahmen der Zivilgesellschaft allerdings hier in gewisser Weise auch Erfüllungsgehilfen einer unter Umständen an PR- Interessen orientierten Unternehmenspolitik.

Die Partnerschaft birgt in diesem Fall aber auch die Möglichkeit, dass Unternehmen stärker für die Anliegen von Betroffenen sensibilisiert werden und der altruistische Ansatz von Zivilgesellschaft in ein Unternehmen hineinfließt. Die Nähe zu NGOs hilft Unternehmen, Einsichten und ein Verständnis für deren Position zu entwickeln, wodurch zukünftige Konflikte vermieden werden können, die sonst unter Umständen öffentlich ausgetragen werden (Bartsch, Kohlmorgen: 65). Es spart sich aber auch Personalkosten, da das medizinische Personal überwiegend ehrenamtlich arbeitet.

Für MSF bietet sich im Rahmen dieser Kooperation die Möglichkeit, auf materielle Ressourcen zugreifen zu können. Außerdem können sie an den Stärken eines Unternehmens partizipieren wie Stärkung der Führungs- und Organisationsqualitäten, Effizienz und Innovationen (bbe: 2) sowie der Wille zu Lösungsorientierung. Damit rückt die Organisation in das Bewusstsein der Öffentlichkeit und kann seinen Aktionsradius ausbauen, gegebenenfalls auch mehr Spenden generieren.

Die Kooperation kann jedoch zu einem reinen Leistungsaustausch führen statt zu einer Partnerschaft. Das hängt auch damit zusammen, welche Erwartungshaltung das Unternehmen hat und wie eng die Kooperation ist. Es besteht auch die Befürchtung, dass die Kompetenzen der Zivilgesellschaft nicht geschätzt werden oder die Gemeinnützigkeit als Schwäche ausgelegt wird und die Organisation weniger Anerkennung erhält.

Zwischen der Not von Betroffenen und den Interessen der Pharmaindustrie besteht ein Spannungsverhältnis. Eine Zivilgesellschaft muss sich daher fragen, ob sie mit der Kooperation Lobbyarbeit betreibt, sich instrumentalisieren lässt für Wirtschaftsinteressen und ob sich die Handlungsweise noch an den Bedürfnissen der Betroffenen orientiert.

Auch auf politischer Ebene sind Zivilgesellschaften immer stärker in Entscheidungsprozesse mit ihrem Expertenwissen involviert.

Im Zusammenhang mit der Ebola - Epidemie in Sierra Leone und Guinea vor einigen Jahren wurden Grenzen zivilgesellschaftlichen Engagements sichtbar. Auch medizinisches Personal infizierte sich mit dem Erreger, einige Helfer starben an der Erkrankung.

Der altruistische Ansatz von Zivilgesellschaft muss spätestens dann hinterfragt werden, wenn das Leben der ehrenamtlichen Helfer in Gefahr ist.

4. Darstellung der Parallelen zwischen Good Governance und Civil Society

Es gibt aus Sicht des Verfassers dieser Aufgabe eine Idealvorstellung von Regieren und bürgerschaftlichem Engagement, die in wesentlichen Punkten übereinstimmen. Diese zu erreichen ist wahrscheinlich niemals zur Gänze möglich, aber man kann sie anstreben.

Man kann in drei wesentlichen Bereichen Übereinstimmungen feststellen.

Zunächst gibt es Parallelen auf „normativer"(Zimmer:1) Ebene.
Einer der Hauptverbindungspunkte besteht in der Verankerung in demokratischen Grundsätzen. Dazu gehört, dass Regierungen durch Wahlen legitimiert werden. Es ist für entstehende Demokratien wichtig, dass eine feste zivilgesellschaftliche Basis diese Reformprozesse unterstützt. Es sind ja häufig Bürgerbewegungen, die politische Reformbemühungen in ihrem Land flankieren. Daher ist es auch nicht verwunderlich, dass Betz im *Neues Jahrbuch Dritte Welt 2005* über den Begriff feststellt, dass Zivilgesellschaft ein wichtiges Element ist in dem Bemühen, demokratische Strukturen in ehemals autoritären Systemen zu etablieren (Betz:7).

Die *societas civilis* galt in der Antike als Synonym „…für die ideale Lebensweise von freien Bürgern"(Zimmer: Z. 7). Diese Definition korrespondiert auch mit der von Alexis Tocqueville im 19. Jh. in den USA gemachten Beobachtung, dass Bürgerinnen und Bürger in dieser *civil society* eigenständig agieren, ohne den Zwängen marktwirtschaftlicher oder staatlicher Ansprüche genügen zu müssen (Zimmer: Z. 11f). Gerade in dieser Definition wird der ungebundene, freiheitliche Aspekt von Zivilgesellschaft deutlich, der mit der Meinungsfreiheit in einem Staatswesen korrespondiert. Mehrheiten entstehen durch Meinungsbildungsprozesse und kontroverse Diskussion und nicht autokratische oder militärische Machtausübung.

Die Respektierung der Würde des Menschen, Toleranz, sodass keine Diskriminierungen stattfinden, sind ebenfalls übereinstimmend, da beide Sektoren im Interesse der ganzen Gesellschaft handeln.

Die Mitgliedschaft in einer Zivilgesellschaft kommt auch aus freiem Willen zustande (Foljanty-Jost, Spengeler: 17).

Es ergeben sich auch Übereinstimmungen auf „habituelle[r]oder handlungsorientierte[r] "(Zimmer: 1) Ebene.

Wenn man das Adverb *zivil* in dem Terminus *Zivilgesellschaft* als Gegensatz zu dem Adverb *militärisch* begreift und auch die Semantik von *zivilisiert* miteinbezieht, wird die Nähe zu Good Governance ebenfalls gut erkennbar.

Zivilgesellschaft meint jedoch eine Gesellschaft, die sich durch „…'Zivilität' im Sinne von Demokratie, Toleranz, Verantwortung und Vertrauen auszeichnet" (Zimmer: Z.29f). Dazu gehört auch, dass auf jede Form von Gewalt verzichtet wird, so dass keine Einzelinteressen autokratisch durchgesetzt werden. Kontroverse Themen werden über den Weg der Konsensfindung einvernehmlich gelöst. Verhaltensnormen bestimmen den Umgang miteinander, die von gegenseitiger Achtung zeugen.

Foljanty-Jost, Spengeler geben in dem Studienbrief *Civil Society* ein Zitat des ehemaligen britischen Premierministers Tony Blair wieder, der mit dem Aphorismus sehr deutlich ein weiteres übereinstimmendes Wesensmerkmal veranschaulicht: „Private action, public benefit" (nach

Foljanty-Jost, Spengeler: 11). Die Wohlfahrt der Gesellschaft steht im Vordergrund der Bemühungen. Der Begriff *public* impliziert, dass nicht nur ein Teil der Gesellschaft Anteil an strukturellen Verbesserungen hat, sondern weite Teile einer Staatengemeinschaft. Es wird darin außerdem veranschaulicht, dass die Verantwortung für die Wohlfahrt eines Landes nicht allein von der Staatsführung abhängig ist, sondern auch Zivilgesellschaften Verantwortung übernehmen. Diese sollen „…in größerem Maße für die Geschicke des Gemeinwesens Sorge tragen." (Foljanty-Jost, Sprengel: 6). Verschiedenste Formen von Zivilgesellschaft sind dazu aufgefordert, Verantwortung für eine Gesellschaft zu übernehmen. Inhaltlich wird ebenfalls deutlich, dass keine privaten Interessen wirtschaftlicher oder politischer Art bestehen, auch wenn es sich um private Institutionen oder Privatpersonen handelt, die öffentlich in Aktion treten.

Es handelt sich bei Zivilgesellschaften um „Organisationen" (Foljanty-Jost, Sprengel:17), die wie eine Institution strukturiert sind.

Außerdem gibt es „funktionale" (Zimmer: 1) Parallelen zu Good Governance.
Funktional trägt die Civil Society somit auch zur „Konsolidierung"(Betz: 7) demokratischer Systeme bei durch die Ausweitung von „Bürgersinn" (ebda: 7) sowie die „…Vitalisierung zivilgesellschaftlicher Institutionen…"(ebda: 7). Sie unterstützen daher Staaten im Transformationsprozess bei dem Bemühen um Demokratisierung.

Die gemeinsame Verankerung im Bemühen um Nachhaltigkeit macht Zivilgesellschaften in immer stärkerem Maße zu Verhandlungspartnern, in denen sie Expertenfunktion haben, wie beispielsweise bei Umweltabkommen. Hier nehmen sie auch die Aufgabe in Form von

„Themenanwaltschaften" (Foljanty-Jost, Spengler: 16) wahr und transportieren die Anliegen Schwächerer in politische Gremien. Der Ausbau ehrenamtlichen Engagements in der Bundesrepublik verdeutlicht, dass der altruistische Ansatz die Wohlfahrtsfürsorge unterstützt und Zivilgesellschaften hier eine wichtige Dienstleistungsfunktion einnehmen.

5. Zusammenfassung

Die Ausführungen haben wesentliche Aspekte zum Verständnis von Regierungsführung im 21. Jahrhundert beleuchtet. Auch die Übertragung dieses Anspruchs auf Entwicklungsländer wurde thematisiert. Hinzu kam die Interaktion privater Akteure. Das Ziel der Ausarbeitung bestand jedoch nicht darin, zu polarisieren oder ein Schwarz-Weiß-Szenarium darzulegen. Es ging aber dem Verfasser darum, Gedankenanstöße zu liefern, die zu einem Überdenken von Verhaltensweisen in der Gesellschaft beitragen können.

Governance und Good Governance erfüllen eine Vorstellung von Regierungsführung , die es unter dem Aspekt der Nachhaltigkeit für kommende Generationen zu erhalten gilt.

Literaturverzeichnis

Betz, J.: Zivilgesellschaft in Entwicklungsländern, in:
Betz, J.; Hein, W. (Hrsg.): Neues Jahrbuch dritte Welt 2005.
Zivilgesellschaft, Wiesbaden 2005, S. 7-26

Dolzer, R.: Good Governance. Genese des Begriffs, konzeptionelle Grundüberlegungen und Stand der Forschung, in:

Dolzer, R., Herdegen, M., Vogel, B. (Hrsg.): Good Governance, Freiburg/Basel/Wien 2007, S. 13-23

Nuscheler, F.: Good Governance. Studienbrief Nr. 0210 des Fernstudiengangs „Nachhaltige Entwicklungszusammenarbeit" der TU Kaiserslautern, Kaiserslautern 2013[2]

Ruck, Ch.: Good Governance aus Sicht der Entwicklungspolitik, in:
Dolzer, R., Herdegen, M., Vogel, B. (Hrsg.): Good Governance, Freiburg/Basel/Wien 2007, S. 45-54

Internetverzeichnis

Braun, L. (v.i.S.d.P): Strategien für eine Verbesserung der globalen Gesundheit. Statements von Referenten des World Health Summit 2013,
http://www.gerechte-gesundheit/fileadmin/usder_upload/sonstiges/GG-POS-WHS-2013.pdf, 31.01.2017 (ohne Seitenangaben)

Bundesnetzwerk bürgerschaftliches Engagement [BBE] (Hrsg): Partnerschaft von Unternehmen mit der Zivilgesellschaft,
http://www.b-b-e.de/themen/unternehmensengagement1/partnerschaft, 31.01.2017

Dolzer, R.: Good Governance: Neues transnationales Leitbild der Staatlichkeit?,
http://www.zaoerv.de 2004, Max-Planck-Institut für ausländisches öffentliches Recht und Völkerrecht, S. 535-546, Zugriff am 16.01.17

Zimmer, A.: Die verschiedenen Dimensionen der Zivilgesellschaft, in: bpb (Hrsg.): Zivilgesellschaft, Deutsche Verhältnisse. Eine Sozialkunde, http://www.bpb.de/politik/grundfragen/deutsche-verhaeltnisse-eine-sozialkunde/138713/dimensionen, 30.01.17

BEI GRIN MACHT SICH IHR WISSEN BEZAHLT

- Wir veröffentlichen Ihre Hausarbeit, Bachelor- und Masterarbeit

- Ihr eigenes eBook und Buch - weltweit in allen wichtigen Shops

- Verdienen Sie an jedem Verkauf

Jetzt bei www.GRIN.com hochladen und kostenlos publizieren